Novena da mamãe, na doce espera de seu bebê

Felipe G. Alves

Novena da mamãe, na doce espera de seu bebê

Petrópolis

© 2016, Editora Vozes Ltda.
Rua Frei Luís, 100
25689-900 Petrópolis, RJ
www.vozes.com.br
Brasil

Todos os direitos reservados. Nenhuma parte desta obra poderá ser reproduzida ou transmitida por qualquer forma e/ou quaisquer meios (eletrônico ou mecânico, incluindo fotocópia e gravação) ou arquivada em qualquer sistema ou banco de dados sem permissão escrita da editora.

Diretor editorial
Frei Antônio Moser

Editores
Aline dos Santos Carneiro
José Maria da Silva
Lídio Peretti
Marilac Loraine Oleniki

Secretário executivo
João Batista Kreuch

Editoração: Gleisse Dias dos Reis Chies
Diagramação: Sheilandre Desenv. Gráfico
Capa: Omar Santos

ISBN 978-85-326-5232-4

Editado conforme o novo acordo ortográfico.

Este livro foi composto e impresso pela Editora Vozes Ltda.

Introdução

Feliz de você, mamãe, neste momento especial de gestação, em quem ocorreu um grande milagre: foi pela graça divina que, em você, começou a existir um ser vivo, já marcado com o selo da imortalidade e pelo infinito amor de Deus, bem como pela sua ternura. Essa criança que você está gerando vai sentir e captar, durante toda esta novena, todo esse seu amor e também as lindas mensagens que você vai lhe enviar.

Mamãe, Deus a conhece e cuida de você, assim como da vida que está gerando. Por isso, você vai fazer esta novena não apenas lendo, mas **rezando com devoção**, ouvindo com atenção as mensagens de Jesus e com Ele falando com todo o coração e com toda a confiança.

Se você se sente pequena e impotente diante de tão grande maravilha, não se esqueça de que Deus vai encher você, durante esta novena, com muitas graças. Também não se esqueça das palavras de Jesus que têm todo o poder no céu e na terra: "Peçam e lhes será dado! Procurem e encontrão! Batam e abrirão a porta para vocês! [...] Se vocês, que são maus, sabem dar coisas boas aos filhos, quanto mais o Pai do céu!" (Lc 11,9-13).

Esta novena vai fazer com que você possa ir acompanhando e amando essa criança, de tal modo que ela vá crescendo cercada de amor. Esse seu amor é um reflexo do imenso amor do bom Pai que, desde toda a eternidade, quis que ela existisse. É assim que se lê no Novo Testamento: "Bendito seja Deus e Pai de Nosso Senhor Jesus Cristo: Ele nos abençoou com toda bênção espiritual, no céu, em Cristo. Ele nos escolheu em Cristo **antes de criar o mundo** para que sejamos santos e sem defeito diante dele, no amor" (Ef 1,3-4).

A novena começa todos os dias com a oração do *Angelus*, que vem de longe, lá da Idade Média, por influência dos franciscanos. E a oração final de cada dia? Ela é o início do hino de louvor de Maria, proclamado quando, grávida do Menino Jesus, foi visitar sua prima Isabel. Esse hino completo se encontra em Lc 1,46-55.

Não precisa rezar esta novena apenas uma vez. Ela pode ser repetida mais vezes; tantas vezes quantas quiser ou achar necessário.

1º dia – Como a felicidade da mãe faz bem ao bebê que vai chegar!

 Oração inicial (veja no início da novena)

Palavras de Jesus: Eu sou não só a luz do mundo, mas, também, a plenitude da vida imortal. Foram essa minha luz e essa minha vida que lhe deram o poder de gerar em seu seio um bebezinho, que é capaz de captar todos os seus sentimentos e vibrações. Através de seus sentimentos, de sua alegria, de seus cânticos, de suas risadas, de suas lágrimas, eu vou atingindo o bebezinho em seu ventre e assim ele vai se desenvolver na maior harmonia.

Como a criança em seu ventre necessita de sua paz! Então, entregue a mim seus cuidados e preocupações! Entregue a mim tudo que a faz sofrer, pois tudo isso pode afetar a criança que vai chegar! Se o bom Pai cuida até dos passarinhos, até das flores, muito mais Ele vai cuidar de você e da sua criancinha. Suas preocupações não resolvem nada. Só fazem tudo piorar. Por isso, se achegue até mim, dê-me seus trabalhos e preocupações e eu vou aliviá-la.

Lembre-se como João, filho de Isabel e Zacarias, pulou no seio materno, quando minha mãe, grávida de mim, entrou na casa de nossa prima, cantando e louvando o Senhor! Assim era o seu cântico: "O Senhor fez em mim maravilhas. Santo é seu Nome". Foi essa felicidade de minha mãe que teve o poder de atingir o Joãozinho no seio de Isabel, que sentiu algo diferente.

Portanto, cultive e faça crescer em você o maior otimismo possível! Ele é poderoso e fará muito bem também ao seu bebê que irá pular como o pequeno Joãozinho de Isabel!

Oração da mãe: Jesus, Filho de Maria, a sua vida me encheu de vida e de poder. Se eu pude gerar, foi a sua graça que em mim fez maravilhas. Obrigada, Senhor! Todas as minhas preocupações eu as coloco nas mãos do bom Pai do céu. Ele tem poder de libertar-me de todas elas. Quem cuida até dos passarinhos e dos lírios do campo é meu Pai e me ama. Por isso, tudo vai dar certo. Obrigada, Senhor!

Oração do pequeno bebê (Empreste a sua voz ao feliz bebê que em você está crescendo): Bom Pai do céu, como estou feliz por saber que eu existo! Obrigado. Obrigado porque o Senhor me ama, através do amor da mamãe! Quando papai toca a barriga da mamãe, cheio de carinho, eu sinto o Senhor me amando através dele. Quando mamãe canta suas melodias e quando ela, sorrindo, vibra de alegria, eu sei que é o Senhor que está me cercando de luz. Como isso favorece o meu crescimento! Obrigado porque sou amado pelo Senhor e por eles também.

Oração final (veja no final da novena)

2º dia – Ao Senhor eu entrego todos os meus problemas

Oração inicial (veja no início da novena)

Palavras de Jesus: Minha filha, você não conseguirá medir o amor que tenho por você e pelo bebezinho que está para chegar. Se você sente algum medo, alguma tristeza, alguma sensação de fraqueza e insegurança, dores por não se sentir compreendida, ou até mesmo arrependimento de não ter evitado essa concepção, ou por ainda não amar este bebezinho, venha a mim que eu quero libertá-la de tudo isso.

Não se culpe pelos sentimentos que está sentindo! Isso é comum em quase todas as grávidas. Aprenda a conviver com esses problemas! Coloque tudo isso em minhas mãos, pois eu amo vocês dois com amor eterno e infinito!

Nesse período de gravidez você vai precisar muito de mim e das pessoas que rodeiam você. Se você deixar de lado a mim e as pessoas que a cercam, querendo ser totalmente autônoma, saiba que isso não vai dar certo. Seja humilde e acredite que você sozinha não irá conseguir muito! Aprenda a necessitar dos demais e deixe os outros serem bons para com você! Eu quero ajudá--la através dos amigos que a cercam.

Oração da mãe: O bom Pai é minha luz e salvação: A quem temerei? O bom Pai é a fortaleza da minha vida: De quem eu terei medo? [...] Que um exército acampe contra mim! Meu coração não tremerá! Que uma guerra estoure contra mim! Ainda assim estarei confiante! (Sl 27,1.3).

Oração do pequeno bebê (Empreste a sua voz ao feliz bebê que em você está crescendo): Meu querido Jesus, eu, embora tão pequenino, já sinto o grande amor de mamãe. Como é gostoso sentir-se amado por gente tão querida! Tanto eu como ela confiamos totalmente em sua proteção e em seu grande amor. Amém. Aleluia!

Oração final (veja no final da novena)

3º dia – Como o otimismo faz bem!

Oração inicial (veja no início da novena)

Palavra de Jesus: Minha filha, você, por nove meses, gerando vida! Que maravilha! Nisto, você se torna parecida comigo, que sou a Vida pra valer. Como isso me enche de alegria e a você também, embora algumas grávidas se entristeçam, pensando estar vivendo um tempo perdido. Longe de você tal pensamento! Para evitar tal sentimento é importante que não deixe de fazer tudo aquilo que a faz sentir-se bem, como se divertir. Como isso fará bem também ao bebê que você já tanto ama! Por isso, vá ouvir músicas que lhe agradam; vá assistir a um bom filme; queira se alimentar bem, comendo com calma e devagar! Só? Não. Vá se encontrar com bons amigos e dê, também, muito carinho ao seu esposo, fazendo-o totalmente feliz!

Mas, também, não se esqueça de que, nesse período de gravidez, seus sentimentos comuns podem chegar à flor da pele com mais intensidade! Por exemplo: se você é uma pessoa zelosa, esse sentimento pode, nesse período, fazê-la sofrer mais ainda; se você costuma sentir que os outros não a valorizam ou não a aceitem, nesse período tal sentimento também poderá se agravar. Oh, não se preocupe com isso! Tudo isso vai passar, pois a minha graça lhe basta. Não se esqueça de que ela cerca você por todos os lados. Alegre-se, pois o seu neném já percebeu que você é maravilhosa e que fará tudo para que ele se desenvolva alegre e sadio!

Oração da mãe: Senhor Jesus, eu o louvo e bendigo porque a vida é linda e o seu poder é maior que a distância da terra ao céu. Eu o louvo porque tenho tempo para ser feliz, cuidar de mim e fazer mil coisas que me enchem de alegria. Obrigada pela beleza da vida que eu vivo e que vou transmitindo ao meu neném.

Oração do pequeno bebê (Empreste a sua voz ao feliz bebê que em você está crescendo): Bom Pai do céu, "o Senhor está formando meus rins; o Senhor está me tecendo no seio materno. Eu lhe agradeço por tão grande prodígio e me maravilho com as suas maravilhas!" (Sl 139,13-14). Feliz o dia em que eu nascer! O mundo vai ser mais bonito por causa de mim. Amém. Aleluia!

 Oração final (veja no final da novena)

4º dia – Tudo se converte em bem para quem ama a Deus

 Oração inicial (veja no início da novena)

Palavra de Jesus: Minha filha, conheço muitas mães que morrem de medo de que o neném chegue diferente, com alguma necessidade especial. Não permita que esses medos penetrem em seu coração! É melhor cultivar pensamentos positivos, sabendo que tudo está nas mãos do bom Pai do céu. Não se esqueça de Rm 8,28: "Sabemos que todas as coisas concorrem para o bem dos que amam a Deus, daqueles que são chamados segundo o projeto dele". Portanto, coloque essa criança nas mãos daquele em quem você confia e aceite-a como ela é. É verdade: ela quer ser amada como ela é, como um ser humano, capaz de amar e de ser amado.

Que lindo ato de amor de seu coração, em aceitar seu bebê como ele é, mesmo sem o conhecer, pois essa criança é uma obra de Deus! Neste mundo há lugar para todas as crianças, mesmo que não sejam em tudo exatamente como foram imaginadas.

Como é importante que você converse com seus amigos e, principalmente, com seu esposo, sobre as coisas que você anda sentindo! Nada de medo de contar suas preocupações, seus anseios e suas dúvidas! Se você se calar, os problemas parecerão maiores do que são. Mas, se você se abrir, o alívio encherá o seu interior.

Como é importante o diálogo! Ele ajuda a encontrar soluções. O diálogo acaba demonstrando que os problemas não são tão grandes como se imaginava.

Oração da mãe: Senhor Jesus, uma certeza eu tenho: a criança que vive em meu seio já foi escolhida e planejada pelo bom Pai do céu, antes da criação do mundo, antes mesmo de lançar as estrelas no céu. Eu louvo e agradeço porque ela é única no mundo, com maravilhas próprias somente dela. Ela não é um grãozinho, nem uma plantinha, nem um animalzinho, nem um pedaço de mim. Ela é uma pessoa, filha de Deus, marcada para viver por toda a eternidade. Louvo e bendigo o Senhor, porque eu sou capaz de gerar um ser cercado de sua luz e de sua beleza. Meu nome e o nome do bebê estão escritos na palma de sua mão para nunca se esquecer de nós.

Oração do pequeno bebê (Empreste a sua voz ao feliz bebê que em você está crescendo): Meu querido Jesus, estou feliz porque mamãe disse que eu sou único no mundo, escolhido pelo bom Pai do céu, antes de criar as estrelas. Estou feliz, porque mamãe não mente. Estou muito feliz porque mamãe disse que eu sou uma maravilha, para viver por toda a eternidade. Estou muito feliz porque mamãe não mente. Amém. Aleluia!

 Oração final (veja no final da novena)

5º dia – Belezas da mulher grávida

 Oração inicial (veja no início da novena)

Palavra de Jesus: Minha filha, que beleza é a mulher grávida! Como ela tudo transforma e faz tudo crescer e ficar mais bonito! Feliz de você que está carregando vida em seu ventre, transmitindo-lhe cada dia um pouco mais de segurança, de carinho e de felicidade! Daí, a transformação de seu corpo. É o seu corpo que o bom Pai do céu utiliza para dar vida. Você não acha que isso é uma maravilha? E ele cada dia irá se transformando mais e mais, merecendo de você todo o cuidado e toda a sua admiração e amor.

Por favor, não vá fazer como algumas mulheres que se aborrecem, se achando deformadas e feias! Você, ao contrário, vai valorizar o seu corpo, amá-lo, acariciá-lo, sentindo-se cada dia mais parecida com minha mãe que, grávida de mim, continuou linda, a mais linda e bendita entre todas as mulheres da Terra. Você é linda e vai ficar mais linda ainda, embora com uma beleza diferente.

Oração da mãe: Ó filho de Maria, deixe-me falar com sua mãe!

"Maria Santíssima, grávida de Jesus, carregando em seu seio aquele que é o centro de toda a criação, aquele por quem todas as coisas foram criadas, admiradas e celebradas por todos os anjos dos céus! Louvado seja o Senhor da Vida que o seu corpo gerou e, com mil cuidados, dele cuidou!

Alegro-me em me tornar sempre mais parecida com a Senhora, até o dia em que os anjos cantaram: 'Glória a Deus nas alturas!' Quero cada dia ser mais dócil, mais obediente, mais comprometida com o bem-estar e felicidade do meu bebê. No dia do nascimento de meu bebê, que se desenvolve sob a sua proteção, os anjos também irão cantar, enchendo meu coração de gozo e alegria. Amém".

Oração do pequeno bebê (Empreste a sua voz ao feliz bebê que em você está crescendo): Maria, querida mãe de Jesus, como a Senhora amou e transmitiu ternura e alegria ao menino que crescia em seu ventre! Por favor, faça comigo a mesma coisa! Não se esqueça de abençoar a minha mãe que nunca se esquece de mim! Amém. Aleluia!

 Oração final (veja no final da novena)

6º dia – De novo, confiar em Deus. Nele confiar, nunca é demais

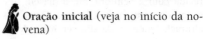 **Oração inicial** (veja no início da novena)

Palavra de Jesus: Minha filha, como as dúvidas, os medos, os receios de que a criança não seja exatamente como se imagina atrapalham a vida de muita gente! Algumas mulheres, num certo momento, começarão a ter medo das dores do parto, de riscos da cesárea; outras vão se preocupar com a saúde do bebê e até com as roupas que o neném irá usar. Quantas não perdem o sono, só pensando no futuro do pequeno ser que carregam em seu ventre!

Mas, por que se preocupar com tudo isso? Eu não lhe disse que o Pai do céu cuida até dos passarinhos? Até das flores do campo, que hoje são lindas e amanhã já estão murchas? Você não sabe como é importante colocar todas essas preocupações nas mãos do Pai, orando cada dia, desabafando com Ele tudo o que sente! O Senhor é sua luz e a sua salvação. Nele você pode confiar.

Todos os meus problemas eu colocava nas mãos de meu Pai e tudo deu certo. Em qualquer situação, você continua debaixo das asas dele. Não se esqueça: Tudo se converte em bem para quem o ama.

Oração da mãe: Senhor Jesus, deixe-me repetir mais uma vez: "O Deus que cuida até dos passarinhos, Ele é meu pai e Ele me ama. Por isso, eu não tenho medo de nada". E o Senhor me amou tanto que me fez capaz de gerar uma vida. Essa vida nova que cresce dentro de mim também é amada e cuidada por aquele que veste os lírios do campo.

Jesus, Deus da beleza, eu estou encantada diante desta vida tão frágil e tão cheia de promessas. Eu lhe peço: possa eu transmitir a esse bebê toda a fé, toda a esperança, todo amor que estão dentro de mim! Enfim, com meu filho, que é primeiro seu, eu lhe peço: Guarde-nos sob suas asas, todos os dias de nossas vidas! Amém.

Oração do pequeno bebê (Empreste a sua voz ao feliz bebê que em você está crescendo): Meu querido Jesus, eu agradeço ao Senhor pela felicidade que minha mãe carrega e reparte comigo. Feliz o dia em que eu nascer! Eu vou encher o coração dela com muita alegria, com muita emoção e ela irá lhe agradecer pelo rico presente que eu serei para ela. Eu sou o presente criado pelo Senhor, só para que ela se sinta totalmente cheia de felicidade. Amém. Aleluia!

 Oração final (veja no final da novena)

7º dia – Que pena! Também existem crianças rejeitadas

 Oração inicial (veja no início da novena)

Palavra de Jesus: Minha filha, não pense que minha vida, apesar de eu existir antes de todas as coisas e tudo em mim subsistir, tenha sido só maravilhas e compreensão de todo o povo! Se eu recebi abraços e beijos, recebi também desprezo, maldade, injustiça, até mesmo a traição e condenação. Mesmo assim, eu não desisti de minha caminhada, rumo à Ressurreição.

Sei que você, durante sua gravidez, também não vai ser entendida por todos: alguns não vão entender o seu cansaço; outros quererão controlar o que você come; outros vão questionar o tamanho de sua barriga; outros a chatearão com conselhos sobre o que você deve ou não deve fazer.

Outro problema e tomara que esse não seja seu: Quantas mulheres conceberam sua criança através de violação, ou cuja concepção não aconteceu no melhor momento! Eu compreendo a desilusão de tais mulheres, que chegam até mesmo a desejar o aborto. Mas, esse pequeno ser é inocente de tudo que tenha acontecido e tem direito à vida.

Tais mulheres, nessa hora de sofrimento, precisam mesmo ser confortadas e curadas de todas suas dores e revoltas.

Oração da mãe: Como elas precisam de seu auxílio, para que aceitem plenamente o tesouro que está para chegar! Que aceitem a criança como fruto do amor de Deus e não do mal das pessoas!

Eu agradeço ao Senhor porque minha criança é valorizada, amada e esperada. É uma pessoa criada para conhecer e amar a Deus e a todo o mundo. Eu lhe agradeço porque minha criança é uma criatura nova, única no mundo. Ninguém igual a ela. Mesmo que tivesse sido gerada em um ato de maldade ou de forma inesperada, ela é totalmente amada e esperada por Deus. Ela tem todo o direito de ir se desenvolvendo, na maior harmonia, até o seu nascimento.

"Noite feliz! Noite feliz! Dorme em paz, ó Jesus! Dorme em paz, ó Jesus!"

Oração do pequeno bebê (Empreste a sua voz ao feliz bebê que em você está crescendo): Meu querido Jesus, agora eu estou acreditando que a melhor mãe do mundo é a minha, muito parecida com a sua que foi o máximo. Bendito seja o seu nome! Amém. Aleluia!

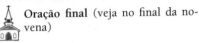 **Oração final** (veja no final da novena)

8º dia – A mãe já sonha com a vida espiritual de quem vai chegar

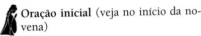 **Oração inicial** (veja no início da novena)

Palavra de Jesus: Minha filha, no alto da cruz eu derramei todo o meu sangue também para essa criança que se desenvolve em você. Eu não morri só para os grandes, mas para todos; também para os pequenos embriões em gestação, por menores que sejam. Desta maneira, embora ele seja tão pequenino, ele está repleto de meu amor, da minha luz, do meu carinho. Ele está predestinado a receber o santo Batismo, que o fará participante de minha vida e, realmente, filho do bom Pai que está no céu. Dessa maneira ele se revestirá de mim, marcado para participar da vida eterna.

Por isso, eu lhe peço: Cada dia, através de suas orações, prepare essa criança para tão grande graça, que vai culminar na Eucaristia, formando comigo um só corpo, abrindo-lhe as portas para comigo também ressuscitar. "Eu sou o pão vivo que desceu do céu. Quem come desse pão viverá para sempre. E o pão que eu vou dar é a minha própria carne, para que o mundo tenha vida. [...] Quem come a minha carne e bebe o meu sangue vive em mim e eu vivo nele" (Jo 6,51.56).

Oração da mãe: Senhor Jesus, que lindo é já estar sonhando com o Batismo e com a Eucaristia na vida de meu bebê! Por isso, desde agora, eu já o entrego em suas mãos, para que o Senhor seja tudo na vida dele, enchendo-o de vida e vida em abundância, segundo o seu desejo.

Feliz de minha criança, entregue ao Senhor já antes de nascer! Como isso vai lhe fazer muito bem! Jesus, essa criança, remida com seu sangue, já lhe pertence. Se dela nunca me esquecerei, muito menos o Senhor, cujo amor é mil vezes maior que o amor de todas as mães.

Oração do pequeno bebê (Empreste a sua voz ao feliz bebê que em você está crescendo): Pai do Céu, sou ainda muito pequeno e não conheço nada do mundo em que vou viver. Mas, já estou desconfiado que lá fora, além do papai e da mamãe, vivam também outras pessoas. Vai ver que são centenas (talvez milhares), formando uma comunidade de amor, que segue suas leis e mandamentos, iguaizinhos à minha mãe. Tenho certeza que eu serei um desses elementos.

Desconfio também que o Senhor está preparando minha família para o meu Batismo, para que seja uma verdadeira festa de fé. Que haja naquele dia muita alegria, muita luz, sem se esquecer – isto é importante – de um bolo bem lindo e bem gostoso! Amém. Aleluia!

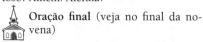 **Oração final** (veja no final da novena)

9º dia – Há coisas parecidas no Natal de Belém e no meu também

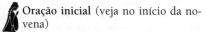 **Oração inicial** (veja no início da novena)

Palavra de Jesus: Minha filha, meu coração rejubila no bom Pai, ao ver o povo celebrar, no dia 25 de março, o dia de minha concepção. Não me apeguei à minha grandeza e desci, até tornar-me embrião no seio da Virgem Maria. Que momento sublime! Algo parecido também aconteceu em seu seio e eu quero acompanhá-la nesses nove meses, ricos de surpresas.

No período de minha gestação, nove meses de obscuridade, eu ia recebendo o carinho e a ternura de minha querida mãe. Recebia eu só os carinhos e essa incrível ternura? Não. Também captava as preocupações de meus pais, em seu dia a dia, bem como a aflição deles na longa viagem, de Nazaré até Belém, como também a dor de não encontrarem lugar nos hotéis da época para que eu pudesse nascer em ambiente quentinho, perfumado e aconchegante. Senti também as provações do parto, por deixar o calor, a maciez e a segurança do seio materno. Por isso, você pode contar comigo naquele seu momento solene, cheio de amor. Estarei juntinho de você, guardando-a e protegendo-a de todo e qualquer perigo. Esteja tranquila e não se preocupe com nada!

Quando minha mãe me deu à luz, os anjos cantaram, festejando a glória de Deus e a beleza dos bons corações. E quando chegar sua vez? Quando você for dar à luz, deixe seus ouvidos ouvirem tudo o que minha mãe ouviu: "Glória a Deus no mais alto dos céus e paz na terra aos homens por Ele amados"! (Lc 2,14). Abra seus olhos para ver anjos e santos, trazendo presentes e muitas bênçãos, enchendo o seu quarto de luz e beleza.

E agora eu também termino, dizendo: "Amém. Aleluia!"

Oração da mãe: Amém. Aleluia! Ó meu Jesus, por quem Deus, a Plenitude total, quis reconciliar todas as coisas, tanto as terrestres como as celestes, obrigada pela graça de carregar em meu ventre o milagre da vida! Foi o Senhor quem me escolheu porque o Senhor tem um propósito para mim. Muitas vezes não entendo o porquê das coisas, pois só o Senhor sabe a hora em que as coisas lindas irão acontecer. Mas, pode contar comigo, pois no Senhor eu confio plenamente.

"Glória a Deus no mais alto dos céus e paz na terra ao meu coração, por Ele muito amado também."

Oração do pequeno bebê (Empreste a sua voz ao feliz bebê que em você está crescendo): Querido Jesus, como minha mãe deve ser parecida com a sua! Sua mãe, no período de gestação do Senhor, procurou fazer tudo com amor e cuidado. A minha também. Sua mãe passava o dia todo pensando em seu bem. A minha também, pensando em mim. Sua mãe, à noite, sonhava sonhos lindos com o Senhor. A minha também, sonhando comigo.

Abençoe a mamãe e o papai com toda a bênção e graça, do jeito que o Senhor abençoava a Maria e José. E terminando, eu mando um beijão para você e sua mãe, e também para o papai e a mamãe! Amém. Aleluia!

 Oração final (veja no final da novena)